W0356497

Erstes Wissen 4-8

Redaktionelle Konzeption:
Bernard Lecherbonnier

Graphische Konzeption:
Véronique Babin

Illustrationen:
Jean-Alexandre Arques, Annie Beau
Jean-François Cornu, Philippe Delord
Catherine Fichaux, Laurent Hirn
Ève Jacob, Jean-François Kieffer
Claire Laporte, Daniel Moignot
Pascal Robin, Danièle Schulthess
Pascale Thérondel

Aus dem Französischen
von Gisela Schilling

95 94 93 92 91 5 4 3 2 1

© 1991 für die deutsche Ausgabe:
ars edition, München
Titel der Originalausgabe: »MEGA poussin«
© 1989 Éditions Nathan, Paris
Umschlaggestaltung:
Atelier Langenfass, Ismaning
Alle Rechte vorbehalten
Printed in Italy
ISBN 3-7607-4567-9

Die Deutsche Bibliothek – CIP-Einheitsaufnahme

Globus : die ganze Welt um mich herum ; erstes Wissen 4 - 8 /
Véronique Babin. [Aus dem Franz. von Gisela Schilling]. -
München : Ars-Ed., 1991
Einheitssacht.: Mega poussin <dt.>
ISBN 3-7607-4567-9
NE: Babin, Véronique; EST

Véronique Babin

Globus

Die ganze Welt um mich herum
Erstes Wissen 4-8

ars edition

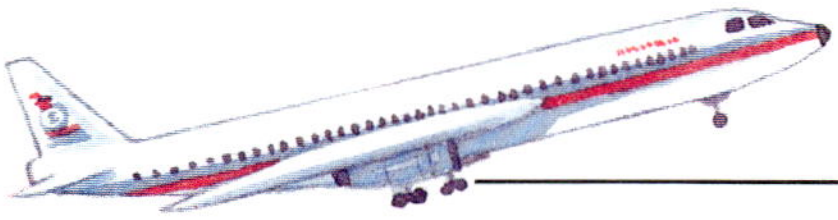

Der Tagesablauf

Es ist Viertel nach sieben.
Frank und Anne sitzen mit ihren
Eltern in der Küche und frühstücken.
Anne ist noch so müde …

Es ist halb neun.
Frank kommt zur Schu
Anne zum Kindergarte

Es ist drei Uhr.
Nachmittags ist Zeit zum Spielen.
Frank malt ein Bild.
Anne baut mit großen Klötzen.

Es ist zehn nach siebe

Frank geht zu seinen Freunden. Anne verabschiedet sich von ihrer Mutter.

Es ist zehn nach zwölf.
Alle Kinder, die nicht nach Hause gehen, essen im Kinderhort.

Beim Abendessen ist die Familie wieder beisammen.

Es ist acht Uhr.
Der Tag ist zu Ende. Frank und Anne schlafen in ihrem Etagenbett.

Der Lauf der Jahreszeiten

Es gibt vier Jahreszeiten: Frühling, Sommer, Herbst und Winter.

Im Frühling ist das Wetter schön. Im Garten sprießen die Blumen, und die Bäume schlagen aus.

Im Sommer ist es warm. Die Früchte sind reif. Man kann sie pflücken und gleich essen.

Frühling	Sommer	
März · April · Mai ·	Juni Juli · August ·	September ·

Im Herbst ist das Wetter kühl. Die Blätter an den Bäumen werden gelb, braun oder rot, und der Wind trägt sie davon.

Im Winter ist es kalt. Es kann frieren, und manchmal schneit es sogar. Die meisten Bäume sind kahl.

Herbst | Winter

Oktober · November | Dezember · Januar · Februar | März ·

Ein Blick ins Fotoalbum

Hallo! Ich heiße Katrin und möchte dir meine Familie vorstellen.

Hier sind Opa Fritz und Oma Hilde, die Eltern von Papa. Sie arbeiten nicht mehr und haben viel Zeit für ihren Garten.

Opa Heinz und Oma Maria sind die Eltern von Mama. Sie arbeiten noch und machen im Urlaub gerne schöne Reisen.

Da, das sind Mama und Papa!
Ich schwimme mit einem Rettungsring, und mein Bruder schwenkt seinen Hut für das Foto.

An meinem Geburtstag, als ich sechs Jahre alt geworden bin, haben wir viele Fotos gemacht.
Habt ihr auch so ein Fotoalbum?

Die Geburt

Axel und Petra haben sich sehr lieb. Sie haben beschlossen, ein zweites Kind zu bekommen.
Das Baby wird neun Monate lang bei Petra im Bauch wachsen. Am Anfang ist es winzig klein.
Nach sechs Monaten ist es schon ziemlich groß, und Petras Bauch ist kugelrund.
Drei Monate später ist das Baby so groß, daß es ihm im Bauch zu eng wird. Man fühlt, wie es sich bewegt!
Hebamme
Es ist soweit! Der große Moment der Geburt ist da! Petra preßt mit aller Kraft, um dem Baby herauszuhelfen. Axel versucht, sie dabei zu unterstützen.

Das Baby hat ein hübsch eingerichtetes Zimmer. Heute wechselt Axel die Windel. Ein Baby braucht viel Pflege.

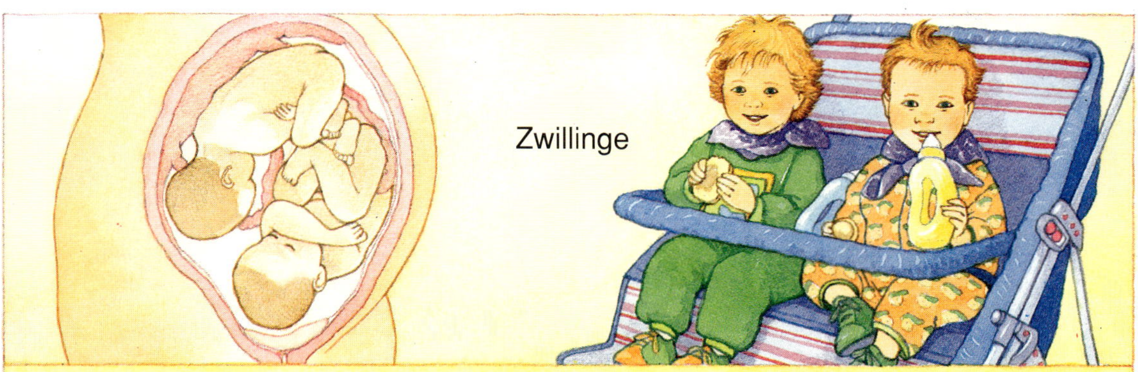

Es kommt vor, daß gleichzeitig zwei Babys im Bauch der Mutter wachsen. Man nennt sie Zwillinge. Manchmal sehen sie sich zum Verwechseln ähnlich.

Mein Körper

Der Körper
Jeder Teil deines Körpers hat seinen eigenen Namen.

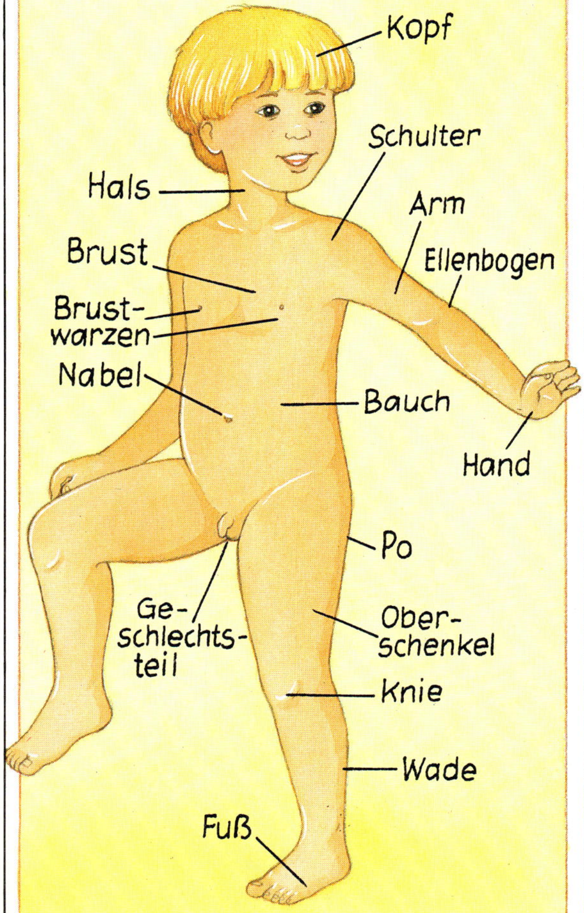

Auch die verschiedenen Teile deines Gesichtes haben Namen.

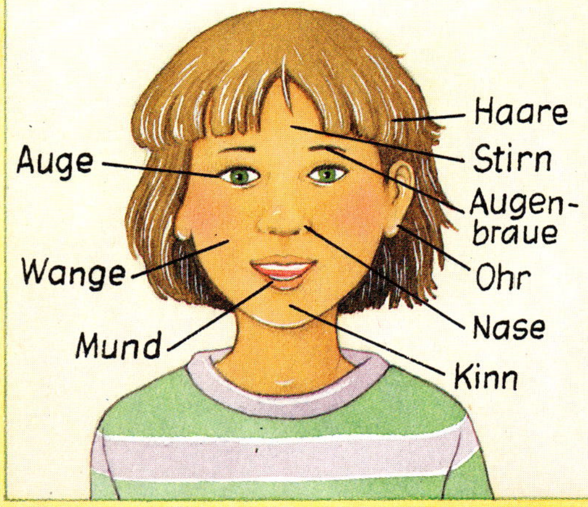

Die Organe
Unter der Haut, im Inneren deines Körpers, liegen die Organe.

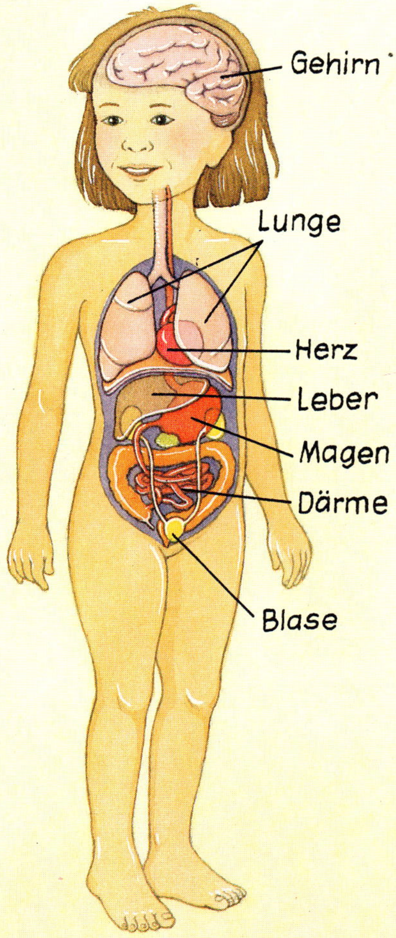

Jedes Organ erfüllt eine bestimmte Funktion:
Mit dem Gehirn kannst du denken, mit den Lungen atmen. Das Herz pumpt Blut durch den ganzen Körper. Der Magen und die Därme verdauen, was du ißt. Die Leber hilft bei der Verdauung. Die Nieren filtern den Urin, der in die Blase kommt, bevor er ausgeschieden wird.

Das Skelett
Die Knochen sind sehr wichtig.
Sie stützen deinen Körper und schützen die Organe. Ohne sie könntest du dich nicht aufrecht halten. Alle Knochen zusammen bilden das Skelett. Jeder, ob groß oder klein, hat einen Namen.
Hier sind einige Beispiele:

Auch viele Tiere haben ein Skelett, zum Beispiel der Hund.
Aber einige, wie die Schlangen, haben keins.

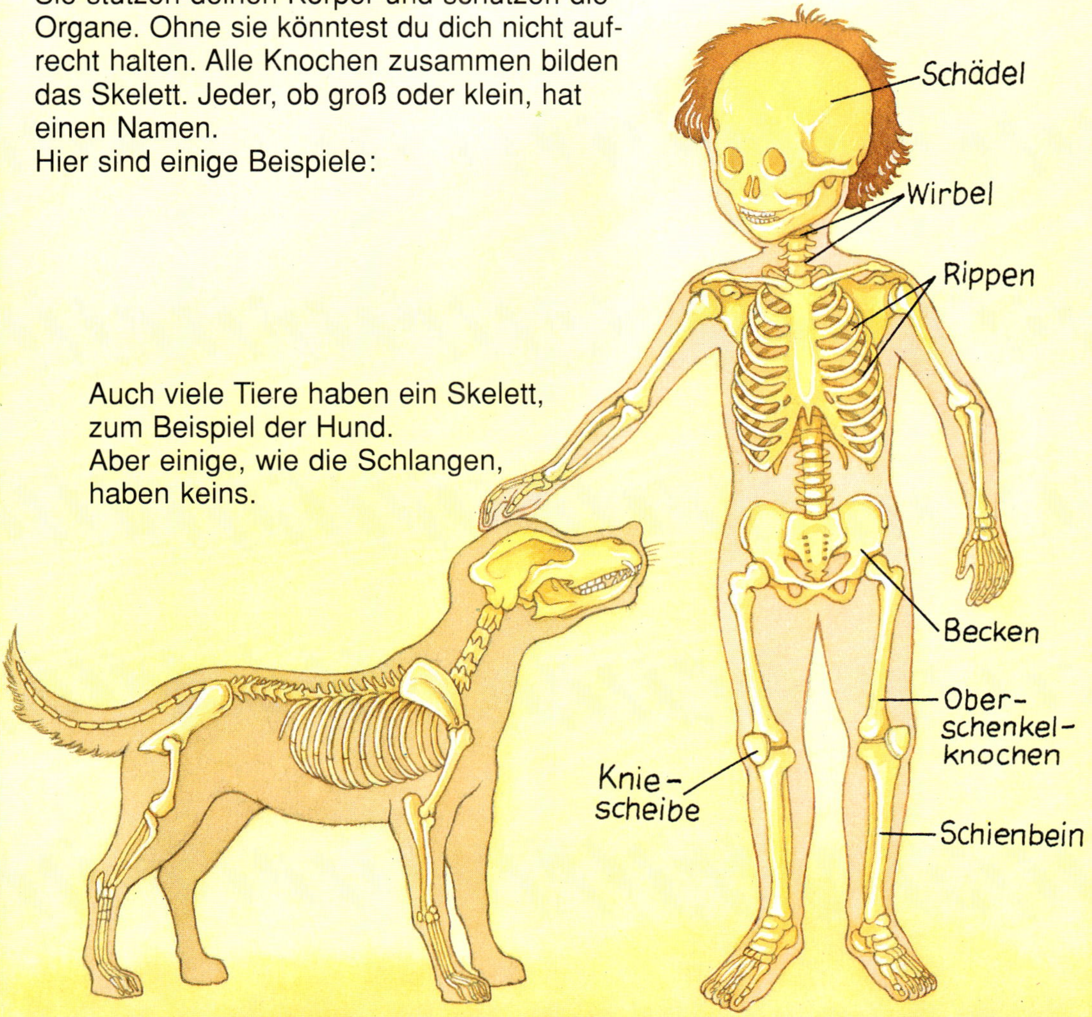

Vorsicht! O weh! Er fällt die Treppe runter!

Man sieht den Schienbeinbruch des Jungen im Röntgenbild.

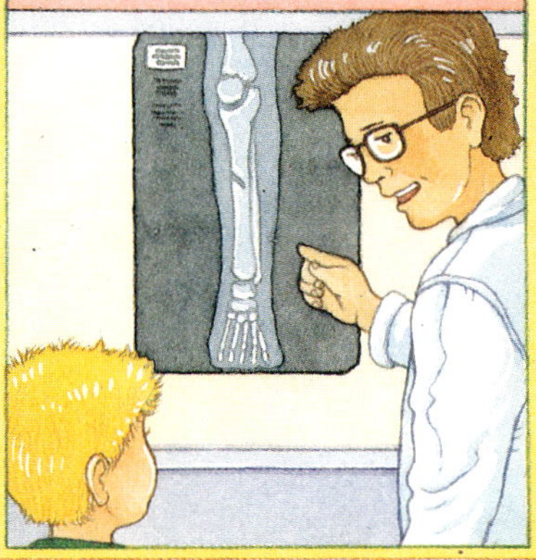

Das Bein muß ein paar Wochen in Gips, damit der Knochen heilt.

Riechen, Schmecken, Fühlen

Schau dir diese Kinder genau an: Sie alle riechen, schmecken oder fühlen etwas.

Ich rieche

Mit meiner Nase kann ich alles riechen, was einen Duft oder Geruch hat. Hmm! Der Blumenstrauß, das gebratene Hähnchen oder die heiße Schokolade riechen gut!
Ich erkenne auch meine Mutter am Duft ihres Parfums.

Ich schmecke

Mit der Zunge und dem Gaumen erkenne ich den Geschmack der Lebensmittel.
Die Erdbeeren sind zuckersüß, das Salz ist salzig, das Medikament ist bitter, die Zitrone ist sauer.
Hmm! Schmecken die Erdbeeren gut!

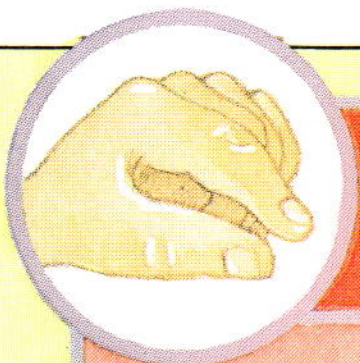

Ich fühle

Wenn ich Eiswürfel anfasse, fühle ich die Kälte an meinen Fingern.
Wenn ich eine Katze streichle, fühle ich ihr weiches Fell.
Wenn ich die Spitze einer Nadel oder einen Kaktusstachel berühre, kann ich mich stechen.

Der Hund und die Katze haben einen besseren Geruchssinn als ich.

Sehen und Hören

Ich höre
Ich höre meinen Bruder, der hinter mir einen Schrei ausstößt, um mich zu erschrecken. Ich zucke zusammen!

Ich höre Musik und habe Lust zu tanzen.

Ich bin gewachsen

Super! Ich bin gewachsen!

Meine Schwester mißt mich an der Meßlatte.

Mein Hemd und meine Hose sind mir zu kurz.

Kinder wachsen ständig, viele Jahre lang. Erst im Bauch der Mutter, dann bis sie erwachsen sind, mit 18 oder 20 Jahren.

Erst Baby, dann kleines Mädchen, dann junge Dame.

Auch meine Füße sind gewachsen! Die Schuhe sind mir zu klein geworden.

Mein Bett ist nicht mehr lang genug, meine Füße ragen raus. Toll! Ich werde ein neues kriegen!

Im Lauf der Zeit werden die Knochen länger, der Körper entwickelt sich, das Kind wird groß und stark.

Dieses junge Mädchen sieht seiner Mutter sehr ähnlich.

Essen und Trinken

Um gesund und fit zu sein, muß man sich richtig ernähren.
Man sollte viele verschiedene Dinge essen.

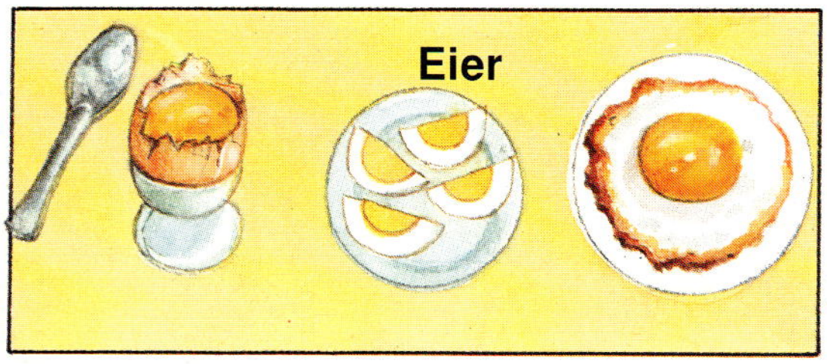

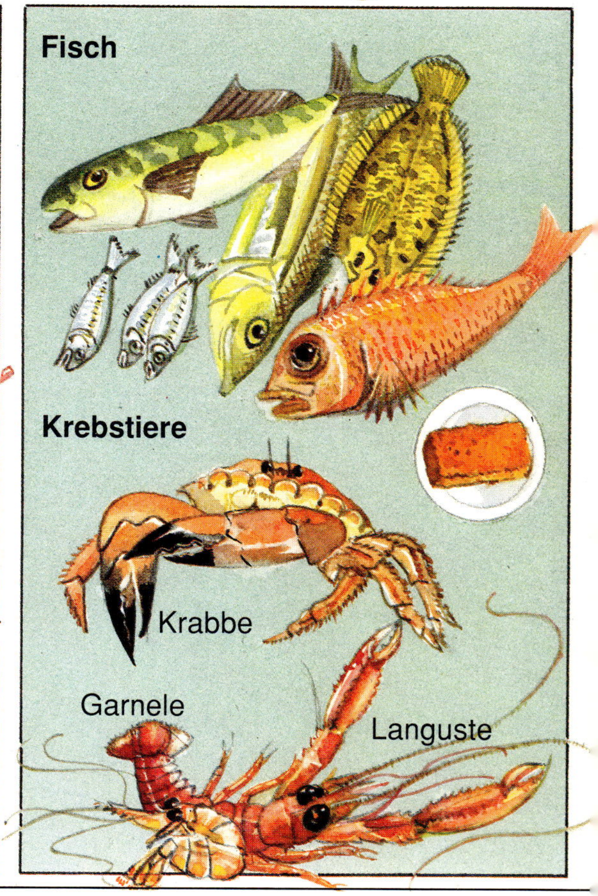

Man muß auch trinken:
Wasser, Milch und Fruchtsäfte.

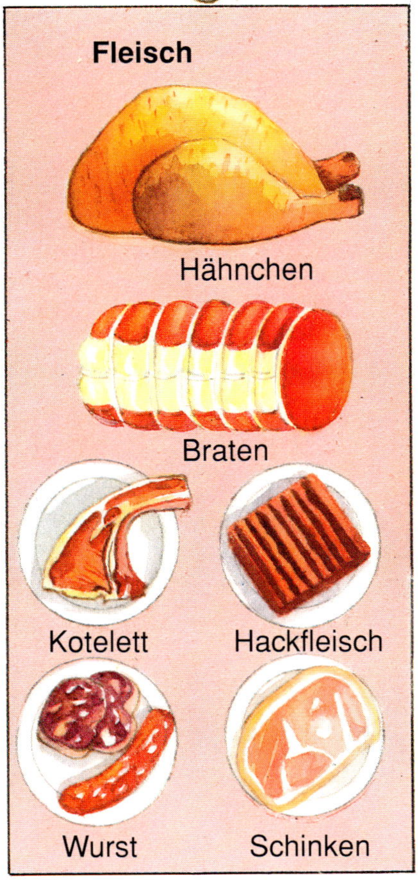

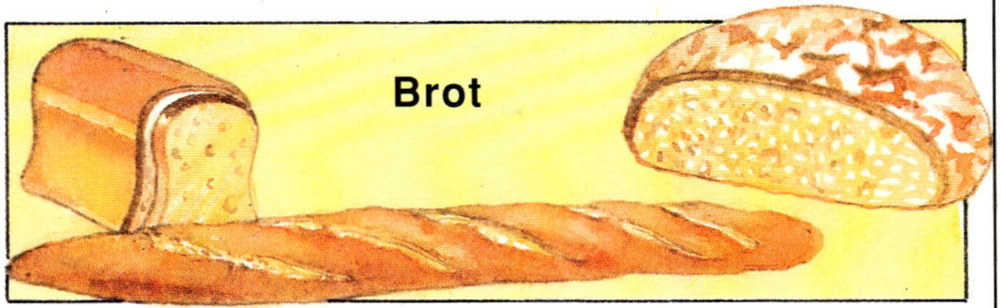

In vielen armen Ländern sind die Kinder abgemagert und krank, weil sie nicht genug zu essen haben.

Meine Gesundheit

Es ist sehr wichtig, gesund zu sein: Wenn es dir gut geht, kannst du dich bewegen, rennen, spielen, lernen … und du bist glücklich.

Du mußt aufpassen, daß du immer warm genug angezogen bist, wenn es kalt ist oder regnet.

Vergiß auch nicht, dich zu waschen. Es ist nicht schön, schmutzig zu sein, und du kannst sogar davon krank werden.

Ich putze morgens und abens die Zähne.

In der Badewanne seife ich mich ein und wasche mir die Haare.

Ich habe Schnupfen!

Es kann passieren, daß du mal krank wirst. Ein Schnupfen ist nicht schlimm: Du mußt dir nur die Nase putzen und dich warm anziehen.

Du kannst aber auch Krankheiten bekommen, die gefährlicher sind. Dann gehen deine Eltern mit dir zum Kinderarzt. Er verschreibt Medikamente, die dir helfen gesund zu werden.

Dieser Junge ist mit kleinen roten Flecken übersät. Er hat die Masern!

Die Kinderärztin horcht den Patienten ab. Sie stellt fest, daß er normal atmet.

Sport treiben

Turnen

Weitsprung

Um so weit wie möglich zu springen, brauchst du einen langen, schnellen Anlauf.

Auf dem Balken im Gleichgewicht zu bleiben, ist gar nicht so einfach.

Hochsprung

Um die Latte zu überspringen, muß man Schwung holen und beide Beine sehr hoch bringen.

Sport und Spiel mit Freunden

Mit Freunden zusammen
ist Sport am schönsten!
Spazierritt mit Ponys

Wer als erster
ankommt, hat
gewonnen!
ZIEL

Tandem

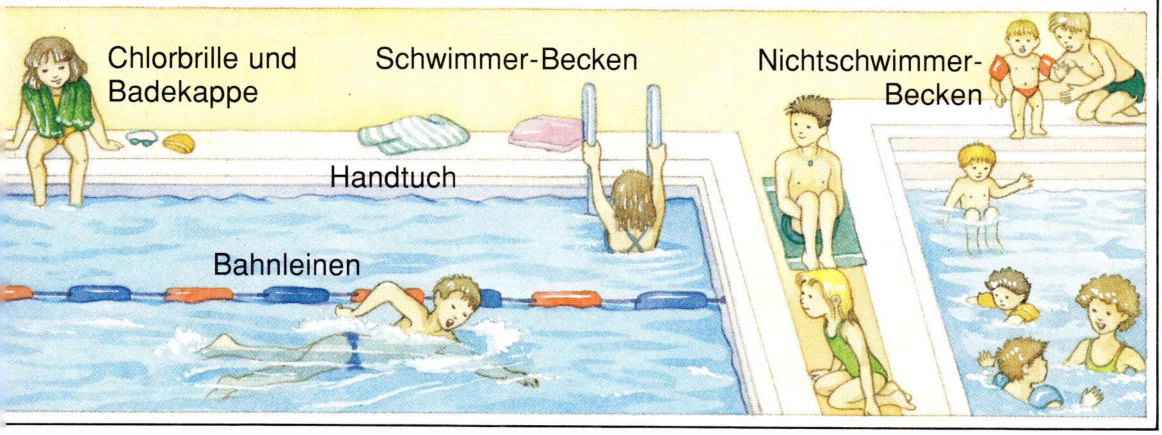
Chlorbrille und
Badekappe
Schwimmer-Becken
Nichtschwimmer-
Becken
Handtuch
Bahnleinen

Die Wohnungen

Es gibt große Mietshäuser, in denen sich mehrere Wohnungen auf jeder Etage befinden.
Jede Wohnung hat eine Küche, ein Bad und verschieden viele Zimmer. Manche haben auch einen Balkon.

Ich wohne in einem Haus mit zwei Etagen.

Die Straße

In der Straße stehen Wohn- und Geschäftshäuser nebeneinander.
Hier siehst du eine Apotheke, ein Restaurant und ein Fischgeschäft.

Beim Blumenhändler kauft man Blumen und Pflanzen.

Der Friseur wäscht, schneidet, frisiert oder färbt die Haare.

Hier bekommt man Kleidung und Spielsachen für Kinder.

Der Optiker verkauft Brillen.
Es gibt viele verschiedene Modelle.

Der Verkehr

In der Stadt gibt es viel Verkehr. Wer über die Straße will, muß warten, bis die Autos anhalten. Benutze immer den Zebrastreifen!

Ich kann losgehen, wenn die Fußgängerampel grün ist und die Autos stehen.

Die U-Bahn ist ein Zug, der unter der Erde fährt.

Die Schülerlotsin
hilft uns über die
Straße.
Bus
U-Bahn

Hilfe, es brennt!

Bei starken Waldbränden werden manchmal sogar Löschflugzeuge eingesetzt. Sie entleeren ihre Wassertanks, um den Brand zu löschen.

Die Löschflugzeuge gleiten über die Wasseroberfläche, um ihre Tanks wieder aufzufüllen.

Vorsicht!
Mit Feuer spielt man nicht!

Die Bäckerei

Wenn man Brot backen will, muß man Mehl, Wasser, Hefe und Salz vermengen und gut durchkneten. Aus dem Teig formt man Brote, die in einem sehr heißen Ofen gebacken werden.

Zum Kuchenbacken braucht man viele Zutaten: Zucker, Eier, Mehl, Milch, Butter, Hefe oder Backpulver und eine Prise Salz.

Es ist mitten in der Nacht. Der Bäcker steht in der Backstube und bäckt jetzt Brote und Kuchen, damit sie morgens fertig sind.

11.05
In der Bäckerei kann man viele leckere Sachen kaufen!

Waage
2.10
m Ofen backen Stangenbrote.
Der Bäcker schneidet die Brote ein, damit der Teig beim Backen nicht reißt.
Im Backtrog wird der Brotteig geknetet.

Das Buch- und Schreibwarengeschäft

In der Buch- und Schreibwarenhandlung kann man Bücher und alles, was man zum Schreiben und Zeichnen braucht, kaufen.

So ist auch dieses Buch entstanden:

Die Autorin spricht mit dem Lektor. Der Verleger entscheidet dann, ob das Buch veröffentlicht wird.

Danach schreibt die Autorin die Texte und macht Skizzen für die Illustrationen.

Die Bücher werden auf Tischen ausgelegt oder in Regale eingeordnet.

Nach diesen Skizzen fertigt ein Zeichner die Illustrationen an.

Zuletzt drucken Maschinen das Buch, und man kann es in der Buchhandlung kaufen.

Der Supermarkt

Der Supermarkt ist ein Kaufhaus, in dem alles angeboten wird, was man im Haushalt braucht.

An der Kasse legt man alle Waren auf das Fließband.
Die Kassiererin liest oder tippt die Preise ein, wir bezahlen und bekommen den Kassenbon.

Fisch
Tiefkühlkost
Wasch- und Putzmittel
Gebäck und Süßwaren
2
Einkaufs-
wagen
Die Einkaufswagen haben
einen Sitz für kleine Kinder.

Im Kindergarten

Tafel
Garderobe
Taschen
Küchenecke
Im Kindergarten findet man schnell Freunde! Man kann zusammen spielen, basteln, kochen, malen, bauen oder toben.
Spülbecken
Bei schönem Wetter sind die Kinder draußen auf dem Spielplatz.

Auf dem Jahrmarkt

Auf dem Jahrmarkt gibt es viele Attraktionen. Da drehen sich Karussels in allen Farben, und manche wirbeln die Besucher auf und ab durch die Luft.
An den Buden kannst du Stofftiere gewinnen oder Zuckerwatte und kandierte Äpfel kaufen. Die kleinen Gondeln am Riesenrad steigen hoch in den Himmel.

Mit der Geisterbahn fährst du in ein Spukschloß. Uuaaahhh ...
Im Spiegelkabinett siehst du die komischsten Gestalten.
Bei der Lotterie kannst du einen Riesenteddy gewinnen, wenn du keine Niete hast ...

Aaaahhh! Die Achterbahn ist toll! Die Wagen fahren rasend schnell, und beim Looping sausen sie kopfüber durch die Bahn.
LOOPING
Dieses Karussel ist ein Piratenschiff.
Hier hat man das Glück an der Angel.
Kinderkarussel
Süßigkeiten

Blumen, Blüten, Farben

Es gibt eine Fülle von Blumen ...

Die Narzisse, der Löwenzahn und die Primeln sind gelb.

Das Geißblatt und die Arnika sind orange.

Der Klatschmohn ist rot.

Das Gänseblümchen, die Maiglöckchen und die Kamillenblüte sind weiß.

Die Seerose ist eine Blume, die nur im Wasser wächst.

… in prachtvollen Farben.

Die Kornblume, die Männertreu und die wilde Zichorie sind blau.

Die Veilchen sind violett.

Der Lavendel ist hellblau.

Der Fingerhut kann violett, hellblau oder rosa sein, wie hier im Bild.

Rosen gibt es in allen Farben.

Bäume und Wald

Ein Wald besteht aus vielen Bäumen.
Im Mischwald findest du verschiedene Baumarten.
Kannst du sie unterscheiden?

Mammutbäume
sind die größten Bäume der Welt!

In den Bergen gibt es viele Nadelwälder, da diese Bäume auch in höheren Lagen wachsen können.

Es ist den Gärtnern gelungen, winzig kleine Bäume zu züchten, die Bonsaibäumchen.

Schmetterlinge

Weißt du, wie ein Schmetterling geboren wird? Das ist ein richtiges Abenteuer!

Damit sich zwei Schmetterlinge paaren, müssen sie von der gleichen Art sein.
Sie erkennen sich an ihren Farben und am Geruch.

Einige Zeit nach der Paarung legt das Weibchen Eier ab.
Je nach Art sind es wenige (etwa 25) oder sehr viele (bis zu 10 000).
Meistens setzt das Weibchen die Eier auf einem Blatt ab. Es kommt aber auch vor, daß es die Eier im Flug einfach fallen läßt.

Das Weibchen sucht nicht irgendeinen Baum für sein Gelege aus:
Es legt die Eier nur auf Blätter, die die Raupen nach dem Ausschlüpfen fressen können. Die Raupen sind sehr gefräßig.

Wenn die Raupe ausgewachsen ist, spinnt sie eine Hülle, die man Kokon oder Puppe nennt.
Einige Tage, Wochen oder Jahre später, je nach der Art, schlüpft daraus ein Schmetterling.
Der Schmetterling verläßt den Kokon und entfaltet seine Flügel. Da ist er!
Das Abenteuer ist zu Ende! Ein neues kann beginnen …

Tiere in Feld und Flur

Viele Tiere leben in den Feldern und Wiesen:
die Vögel am Himmel, die Igel im Gebüsch,
die Kaninchen in ihrem unterirdischen Bau.
Schwalben
Der Imker sammelt den Honig,
den die Bienen als Vorrat in
den Kästen gelagert haben.
Bienen
Die Biene saugt den
Nektar aus den Blüten
und macht Honig daraus.
Maulwürfe
sind vor allem
nachts aktiv.
Der Maulwurf gräbt einen Gang.

Tiere im Wald

Wenn du ganz leise bist, kannst du im Wald alle möglichen Tiere beobachten.

Der Hirsch trägt ein großes Geweih auf dem Kopf. Er lebt im Rudel mit mehreren Hirschkühen. Ihre Jungen heißen Hirschkälber.

Tiere am Fluß

Das ist ein Eisvogel.
Er taucht ins Wasser, um Fische zu fangen, mit denen er seine Brut ernährt.

Die Biber sind sehr geschickt.
Sie bauen ihren Unterschlupf aus Ästen, die sie mit ihren langen Vorderzähnen zurechtnagen. Der Bau steht auf dem Grund des Flusses.
Die Biber kommen durch Tunnel unter Wasser herein und heraus. So sind sie gut geschützt vor Wölfen und Bären.

Dieser Vogel, die Grasmücke, baut sein Nest um die Stengel im Schilfrohr.

Das sind Wildenten. Bei den Männchen, den Erpeln, sind die Federn an Kopf und Hals leuchtend grün.

In den Flüssen leben zahlreiche Fischarten, aber auch Algen und Pflanzen. Manche Tiere, wie etwa der Frosch, leben sowohl auf dem Land als auch im Fluß. Das Schilfrohr wächst unter Wasser, aber seine langen Stengel ragen weit über die Wasseroberfläche hinaus.

Auf dem Bauernhof

Zum Bauernhof gehören viele verschiedene Gebäude.

Der Bauer stapelt die Heuballen in der Scheune. Sie werden im Winter als Viehfutter gebraucht.

Im Schuppen ist Platz für den Traktor. Er wird für viele Arbeiten auf dem Bauernhof benutzt, zum Beispiel zieht er den Plug auf dem Acker.

Der Junge bringt die Kühe auf die Weide, wo sie grasen können. Der Hund hilft ihm dabei: Er hält die Herde zusammen.

Das Mädchen streut Körner für die Hühner und die Enten.

Tiere auf dem Bauernhof

Die Kuh steht im Winter im Stall und läuft im Sommer auf der Weide herum. Sie wird jeden Tag gemolken. Aus der Milch macht man Sahne, Butter, Käse und Joghurt.

Die Schafe liefern Wolle. Jedes Jahr im Sommer, wenn es warm ist, werden sie geschoren. Das tut ihnen nicht weh; es ist so, als würden dir die Haare geschnitten. Aus der Wolle kann man warme Pullover stricken.

Das Kaninchen wirft viermal im Jahr Junge. Sie kommen in einem Nest aus Stroh und Haaren zur Welt.

Früher mußten die Pferde Pflug und Wagen ziehen. Heute werden Traktoren benutzt, und für die Pferde bleibt nicht viel Arbeit auf dem Bauernhof. Das Junge von Hengst und Stute heißt Fohlen.

Eine Sau kann viele Ferkel in einem Wurf haben. Sie legt sich auf die Seite, damit die Jungen saugen können. Wer zuerst kommt, saugt zuerst!

Auf dem Hühnerhof sieht man Hahn und Hennen, Küken, Enten und Gänse. Die Hennen legen ihre Eier im Hühnerstall.

Erntezeit

Am Pfirsichbaum wachsen Pfirsiche.

Der Aprikosenbaum trägt Aprikosen.

Der Mähdrescher schneidet die Weizenhalme ab und drischt die Körner aus den Ähren.

Die Maiskörner sitzen an Maiskolben. Mais wird zu Futter oder zu Öl verarbeitet.

Der Weizen wird zu Mehl gemahlen. Aus Mehl bäckt man Brot und leckere Kuchen.

Die Blüten der Sonnenblumen drehen sich zur Sonne. Aus ihren Kernen wird Öl hergestellt.

Am Apfelbaum wachsen Äpfel.
Der Birnbaum trägt Birnen.
Weinstöcke
Die Trauben sind die Früchte des Weinstockes. Man kann sie essen oder zu köstlichem Fruchtsaft verarbeiten.
Die Zuckerrübe wächst im Boden. Aus ihr wird Zucker hergestellt.

Das Gebirge im Sommer und im Winter

Im Winter sind die Berge mit Schnee bedeckt.
Alles ist weiß.
Der Wetterfrosch meldet:
Ski und Rodel gut!
Die Gondel-Bahn bringt die Skifahrer hoch zur Bergstation. Dann fahren sie auf der Piste wieder herunter.
Hanggleiter mit Fallschirm
Hoppla!
Ski-stöcke
Skier
Schneepflug
Schlitten
Die Skifahrer tragen warme Anzüge gegen die Kälte und Skibrillen, um die Augen zu schützen.

Mittel- und Hochgebirge

Es gibt Mittelgebirge und Hochgebirge. Die niedrigsten Berge sind die ältesten: Wind und Wetter haben sie mit der Zeit abgetragen; ihre Gipfel sind abgerundet und stumpf.
Die jüngsten Berge haben sehr spitze Gipfel, die über 8000 Meter hoch sein können.

Im Hochgebirge schmilzt der Schnee nicht, weil das ganze Jahr hindurch Frost herrscht. Wenn dieser Schnee gefriert, wird er zu Eis und bildet einen Gletscher.

Dies ist ein Haus hoch im Gebirge.

Auf den niedrigen Höhen der Mittelgebirge bleibt der Schnee nie sehr lange liegen.

Ein Vulkan ist ein feuerspeiender Berg. Bei einem Ausbruch schleudert er Massen von Schlamm und glühenden Gesteinsbrocken, die Lava, aus seinem Krater. Der Lavastrom begräbt auf seinem Weg alles unter sich.

Der höchste Berg der Erde ist der Mount Everest. Er liegt im Himalaya-Gebirge in Asien und ist fast 9000 Meter hoch.

Ein Bergsteiger beim Aufstieg

Tiere im Gebirge

Der Adler lebt in großer Höhe.
Er ist ein riesiger Vogel.
Seine Flügel haben eine
Spannweite von 2 Metern –
mehr als ein Mensch mit
ausgebreiteten Armen!

Sein Nest heißt Adlerhorst.

Das Schneehuhn und der
Schneehase leben auch im
Hochgebirge. Im Sommer ist
ihre Färbung braun.

Im Winter werden sie weiß wie der Schnee,
um sich leichter vor Feinden
verbergen zu können.

Nur die Hasen-
ohren bleiben an
der Spitze dunkel.

Die Gemse ist ein echter Kletterkünstler! Sie erklimmt die steilsten Hänge, stürzt sich waghalsig hinunter und springt gewandt zwischen den Felsen umher.

Im Frühling und im Sommer leben die Murmeltiere in Kolonien draußen. Sie flüchten in ihren Bau, sobald ein Adler erscheint. Die Viper, eine Schlange, schläft auf Felsen oder im Gestrüpp.

Die Murmeltiere und die Vipern halten Winterschlaf. Das heißt: Sie verschlafen ein paar Monate, bis der bittere Frost vorbei ist und der Frühling wiederkehrt.

Am Strand

Es ist heiß am Strand. Die Kinder baden und kühlen sich im Wasser ab. Es ist Flut.
Segelschiff
Sonnenschirm
Windsurfer
Kahn
Rettungsring
Man muß einen Hut aufsetzen, wenn man in der Sonne spielt.

Die Meeresküste sieht überall unterschiedlich aus.
Manche Strände bestehen aus glatten, runden Kieselsteinen, und sind von hohen Felswänden begrenzt.

In vielen Buchten liegen die Strände zwischen Felsen und bestehen aus festem Sand und Muscheln.

Es ist Ebbe. Das Meer ist weit zurückgegangen. Die Kinder finden Krabben in den Pfützen und Muscheln unter den bemoosten Steinen.
Fangnetz
Die Sonne bräunt die Haut.

Surfbrett
An manchen Stränden sind die Wellen sehr hoch und gewaltig. Die Strände haben oft feinen, weißen Sand.

Palmen
Auf den Vulkaninseln ist der Sand braun oder schwarz, aber er ist nicht schmutzig – es ist die natürliche Färbung.

Tiere im Meer

Wer lebt im Meer? Zahlreiche Fische, Krebstiere, Muscheln und auch Pflanzen. Viele dieser Lebewesen kann man sehen, wenn man mit einer Taucherbrille unter Wasser schwimmt.

Fischschwarm
Der Taucher kann mit Hilfe seiner Sauerstoff-Flaschen unter Wasser atmen.
Der Knurrhahn ist sehr bunt.
Die Miesmuscheln haften an Felswänden.
Algen
Riesenmuschel
Meeraal
Die Seezunge ist ein Plattfisch.
Jakobsmuschel
See-
igel
Seestern

Der Wal

Der große Blauwal lebt in den kältesten Meeren der Welt, in den Polarmeeren.

Die Eisberge sind riesige Blöcke aus Eis, von denen über Wasser nur die Spitze sichtbar ist.

Erstaunlich ist, daß sich dieser Riese von Algen und Kleinlebewesen, dem Plankton, ernährt. Aber am liebsten mag er Krabben!

Er taucht sehr tief und kann 30 Minuten lang unter Wasser bleiben. Wenn er auftaucht, um zu atmen, bläst er die ganze verbrauchte Luft auf einmal aus. Dabei entsteht eine Fontäne.

Ein Walfangschiff am Horizont

Der Wal ist kein Fisch, sondern ein Säugetier. Er bringt lebende Junge zur Welt.

Der Blauwal ist ein wahrer Riese: Er ist das größte aller Tiere! Sein Gewicht ist enorm. Er kann soviel wiegen wie 25 Elefanten zusammen.

Das Fischerboot

Dieses Fischerboot ist ein Schleppnetzfischer.
Das Boot kehrt in den Hafen zurück.
Es ist sehr früh am Morgen.

Scharen von Möwen folgen dem Fischerboot. Sie werden durch den Fischfang angelockt und versuchen, ein paar Fische zu stibitzen.

Die Fischer holen das Netz ein.

Der Leuchtturm steht an der Hafeneinfahrt. Seine Leuchtsignale zeigen den Seeleuten den sicheren Heimweg.

Das Radargerät hilft dem Steuermann, den Weg zu finden.

In diesen Kisten wird der Fisch verstaut.

Bojen markieren die Fahrrinne zum Hafen. Sie warnen auch vor gefährlichen Stellen.

Da die Fischer meistens nachts rausfahren, müssen sie dick angezogen sein. Sie tragen Mützen, warme Pullover und Ölzeug. Das sind wasserdichte Jacken und Hosen, die vor Wellen, Wind und Regen schützen.

Im Fischerhafen

An diesem Morgen liegen viele Fischerboote im Hafen. Die Fischer entladen ihren Fang. Die Fische werden mit einem Lastwagen in die Stadt gebracht und dort verkauft.

Die Fischer flicken die Netze.

Die Fischhändlerin verkauft die Fische.
Leuchtturm
Kahn
Schlauchboot
Die Fischer spritzen das Boot ab.
Kühl-last-wagen
Kästen für Fische

Die Erde

Die Erde ist eine Kugel. Man kann sie aber auch auf einer Karte darstellen. Sie besteht aus Wasser (Meere und Ozeane) und aus Land (Kontinente).

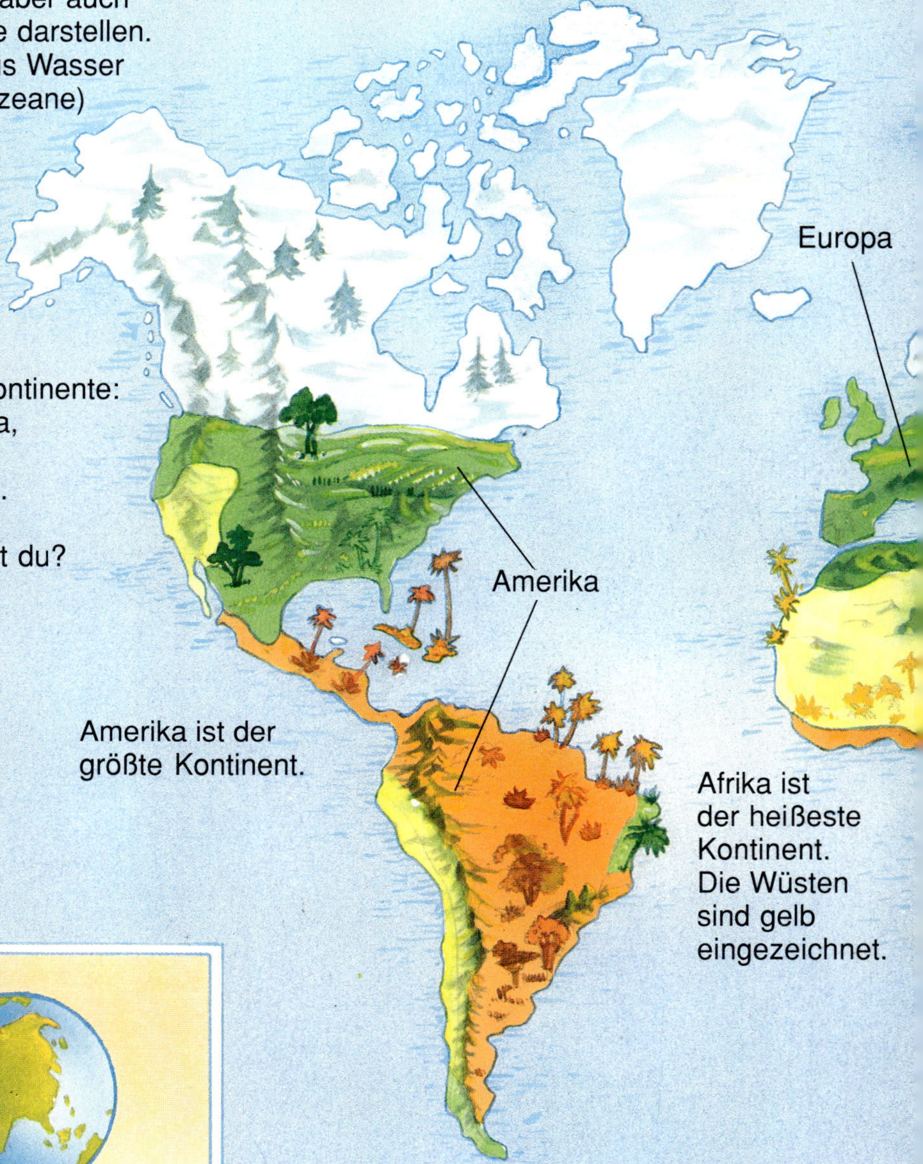

Es gibt fünf Kontinente: Amerika, Afrika, Europa, Asien und Australien. Auf welchem Kontinent lebst du?

Amerika ist der größte Kontinent.

Afrika ist der heißeste Kontinent. Die Wüsten sind gelb eingezeichnet.

Da die Erde rund ist, kann man sie gut auf einem Globus zeigen: eine Kugel mit der Weltkarte.

Dieser Amerikaner lebt in einem Gebiet mit sehr kaltem Klima.

In Europa gibt es viele Wälder. Es ist ein Kontinent mit gemäßigtem Klima; es wird nicht zu heiß und nicht zu kalt.

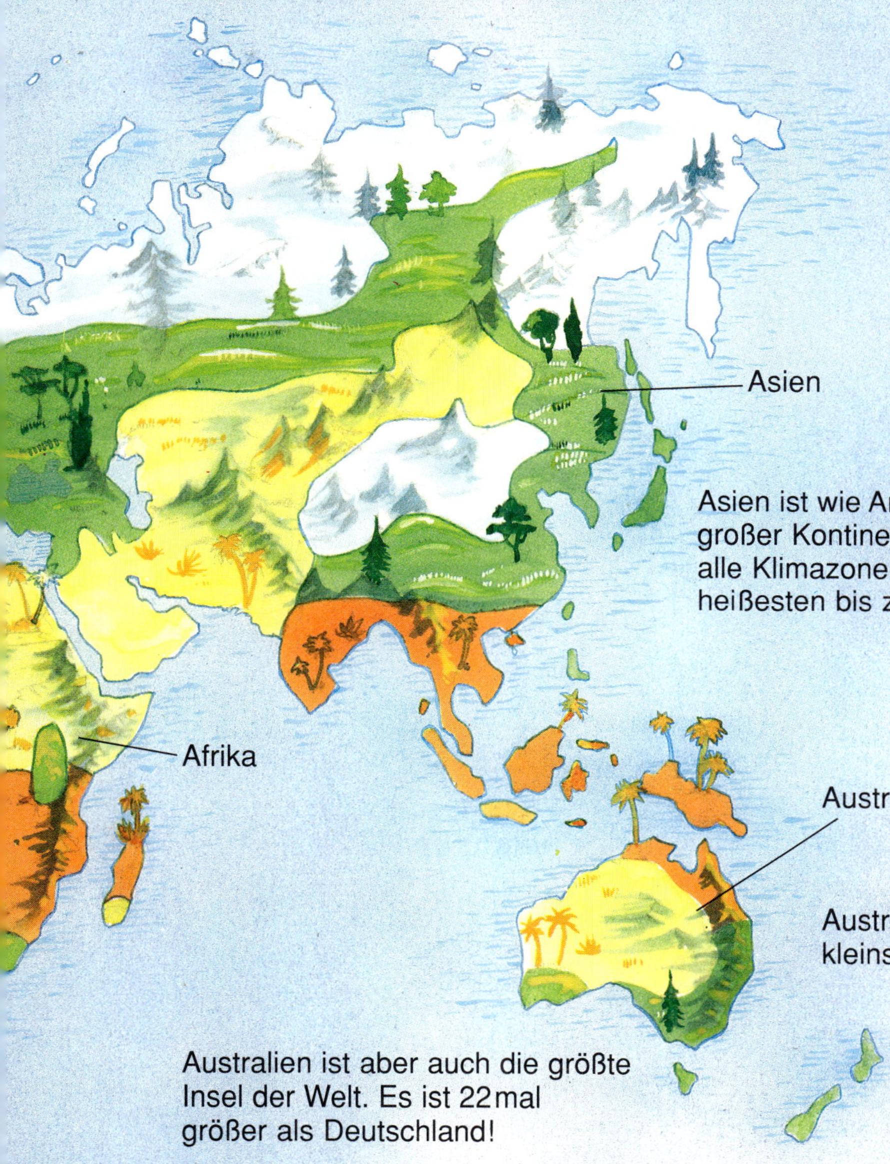

Asien ist wie Amerika ein so großer Kontinent, daß man hier alle Klimazonen findet, von der heißesten bis zur kältesten.

Australien ist der kleinste Kontinent.

Australien ist aber auch die größte Insel der Welt. Es ist 22mal größer als Deutschland!

Dieses Mädchen lebt in Europa. Das Klima ist mild, und es regnet oft.

Dieser Junge lebt in Afrika. Das Klima ist tropisch. Es ist sehr heiß.

Die Kinder der Welt

Laye und Awa leben in Senegal.

Regis lebt auf einer tropischen Insel.

Katsuko lebt in China, einem Land in Asien.

Indira und Gopal leben in Indien, einem anderen asiatischen Land.

Thomas und Susi leben in Europa.

Yasmina lebt in der afrikanischen Wüste.

Die Kinder aus aller Welt verstehen sich sehr gut miteinander, obwohl sie nicht die gleiche Sprache sprechen.

All diese Kinder sehen ganz verschieden aus. Die Haare, die Augen oder die Hautfarbe sind bei allen anders, denn sie kommen aus Ländern, die sehr weit voneinander entfernt liegen. Auch ihre Lebensweisen und ihre Gewohnheiten sind sehr verschieden, da sie in unterschiedlichen Umgebungen leben.

John und Mary leben in Amerika.

Postkarten aus Europa

Europa ist einer der fünf Kontinente. Es besteht aus mehreren Ländern. Jedes Land hat seine eigene Fahne.

Komm und besuch unsere Schlösser! Du wirst staunen!
Tobias
Deutschland
Hier scheint die Sonne fast das ganze Jahr über.
Paco
ESPAÑA
Spanien
Ich wohne auf einer der vielen Inseln, die zu Griechenland gehören.
Eleni
Griechenland
In Dänemark sind fast alle Kinder blond.
Ursula
DANMARK
Dänemark
Luxemburg ist ein kleines Land, aber es ist sehr schön!
Patrick
Luxemburg
Mein Land ist ganz flach! Wir haben viele Windmühlen.
Mieke
Niederlande

Das Telefon verbindet die Welt

Rund um den Globus gibt es ein Netz von Telefonleitungen.
Sie verbinden die entferntesten Länder miteinander.
Jeder kann jederzeit mit jedem sprechen ...

Wenn du mit den Kindern anderer Länder sprechen willst, braucht ihr eine gemeinsame Sprache: Englisch oder Französisch sind »Weltsprachen«, die man in vielen Ländern versteht.

Leben am Nordpol

Die Inuit (auch Eskimos genannt) leben am Nordpol, eine der kältesten Regionen der Erde. Sie tragen pelzgefütterte Anoraks, Stiefel, Strickmützen und Fausthandschuhe.

Ein Iglu ist eine runde Hütte, die aus Eisblöcken gebaut wird.
Schlitten
Schneemobil
Dieser Mann arbeitet an seinem Kajak; ein Boot, mit dem die Inuit fischen gehen.

Leben auf einer tropischen Insel

Auf den tropischen Inseln ist es das ganze Jahr über sehr warm. Daher gedeihen hier Blumen und Früchte, die man woanders nicht findet.

Das Wasser ist so warm, daß man stundenlang baden kann.

Die leuchtend bunten Fische haben so hübsche Namen wie Zebrafisch, Schmetterlingsfisch oder Papageienfisch.

Das Dach wird mit
Bananenblättern gedeckt.
Kokospalme
Jeep
Bananenstaude
Die Jungen fischen.
Auslegerboot
Korallen und Algen
bedecken den Grund.

Leben in der Wüste

Die Tuareg leben in der Wüste Sahara, obwohl das Wüstenklima kaum erträglich ist. Am Tage ist es brennend heiß, und nachts friert es.

Da die Tuareg meistens lange blaue Gewänder tragen, nennt man sie auch die »blauen Menschen«.

Das Dromedar kann mehrere Tage ohne Wasser leben.

In der Wüste muß man sehr tief graben, um Wasser zu finden.

Will man auf ein Dromedar steigen, muß man es dazu bringen, sich hinzuknien.

Kleine und große Tiere

Manche Tiere sind winzig klein!
Diese hier brechen alle Rekorde.

Dieses kleine Tier ist eine Zwergmaus.

Der Kolibri ist der kleinste Vogel der Welt.

Er ist auch der einzige, der rückwärts fliegen kann!

Das niedliche Äffchen mit dem langen Schwanz könnte sich in deiner hohlen Hand zusammenrollen.

Der Marienkäfer ist ein kleines rotes Insekt mit schwarzen Punkten.

Krokodile können riesengroß werden. Diese gefährlichen Tiere gehören zur selben Familie wie Schlangen und Schildkröten.

Das Krokodil lebt in Flüssen. Mit seinem muskulösen Schwanz kann es sehr schnell schwimmen. Es ist aber auch ein guter Läufer, trotz seiner kurzen Beine.

Wie es winzig kleine Tiere gibt,
so gibt es auch riesengroße.

Die Anakonda kann
9 Meter lang werden.

Der Strauß ist der größte Vogel der Welt.
Der afrikanische Elefant ist das schwerste
Tier, das auf dem Land lebt.
Er wiegt etwa 5000 Kilo!

Die Giraffe ist noch größer als der Elefant:
Sie könnte die Pflanzen vom Balkon im
zweiten Stock abgrasen.

Schöne und schreckliche Tiere

Manche Tiere sind schön, andere sehen schrecklich oder furchterregend aus.
Schau sie dir aufmerksam an.
Welche gefallen dir?

Der Tukan hat einen bunten Schnabel.
Känguruh mit Jungem im Beutel
Nilpferd
Zebra
Warzenschwein
Vogelspinne
Pfau

Tiere auf Wanderschaft

Jedes Jahr, wenn der Winter naht, sammeln sich Störche und Schwalben und fliegen davon in warme Länder …

Die Zebras und Zebus müssen weite Landstriche durchqueren, um Nahrung zu finden.

Manche Schildkröten schwimmen weite Strecken, um ihre Eier auf einsamen Inseln abzulegen.

... genau wie die roten Flamingos, die Europa verlassen und in einem großen Zug nach Afrika fliegen.
Die Schildkröten erreichen die Insel.
Die Eier werden im Sand verscharrt.
Das Junge schlüpft!

Reisen mit der Bahn

Viele Leute reisen mit der Bahn, weil sie bequem und schnell ans Ziel kommen wollen.

Während der Fahrt kann man lesen, Karten spielen oder sich unterhalten.

Der Speisewagen ist ein rollendes Restaurant.

Bahn fahren ist ganz einfach! Man kauft seine Fahrkarte, schaut auf den Zugfahrplan, der die Abfahrtszeit und den Bahnsteig angibt, und dann ... Einsteigen und Vorsicht bei der Abfahrt des Zuges!

Im Schlafwagen gibt es schmale, übereinander liegende Betten.

Im Autoreisezug nimmt man sein Auto mit und kommt ohne Stau ans Ziel.

Reisen mit dem Schiff

Dieses Schiff transportiert nicht nur Passagiere, sondern auch Autos und sogar Lastwagen. Wenn man am Hafen ankommt, fährt man mit seinem Auto auf das Schiff. Dann geht man in die Kabine oder vertreibt sich die Zeit an Deck und genießt die Aussicht.

Die Flagge am Heck zeigt an, in welchem Land das Schiff zu Hause ist.
Rettungsboote
Decks
Die kleinen Fenster auf Schiffen heißen Bullaugen.
Die Heckklappe dient jetzt als Brücke. Sie wird während der Fahrt geschlossen.
Motorradfahrer

Reisen mit dem Flugzeug

Ein Flugzeug landet auf der Rollbahn.
Radar
Kontrollturm
Vorfeld
Fahnen
Wartehallen
Busse
Fenster
Pilotenkanzel
In der Nase des Flugzeugs befinden sich die Radargeräte.
Düse
Über die fahrbare Treppe können die Passagiere ein- und aussteigen.

Im Weltraum

Es gibt viele andere Planeten neben der Erde. Die Menschen versuchen seit langem, sie zu erreichen, indem sie den Weltraum erforschen.
Hier siehst du eine Rakete auf der Abschußrampe. Sie wird in Kürze abheben und steil in den Himmel aufsteigen.

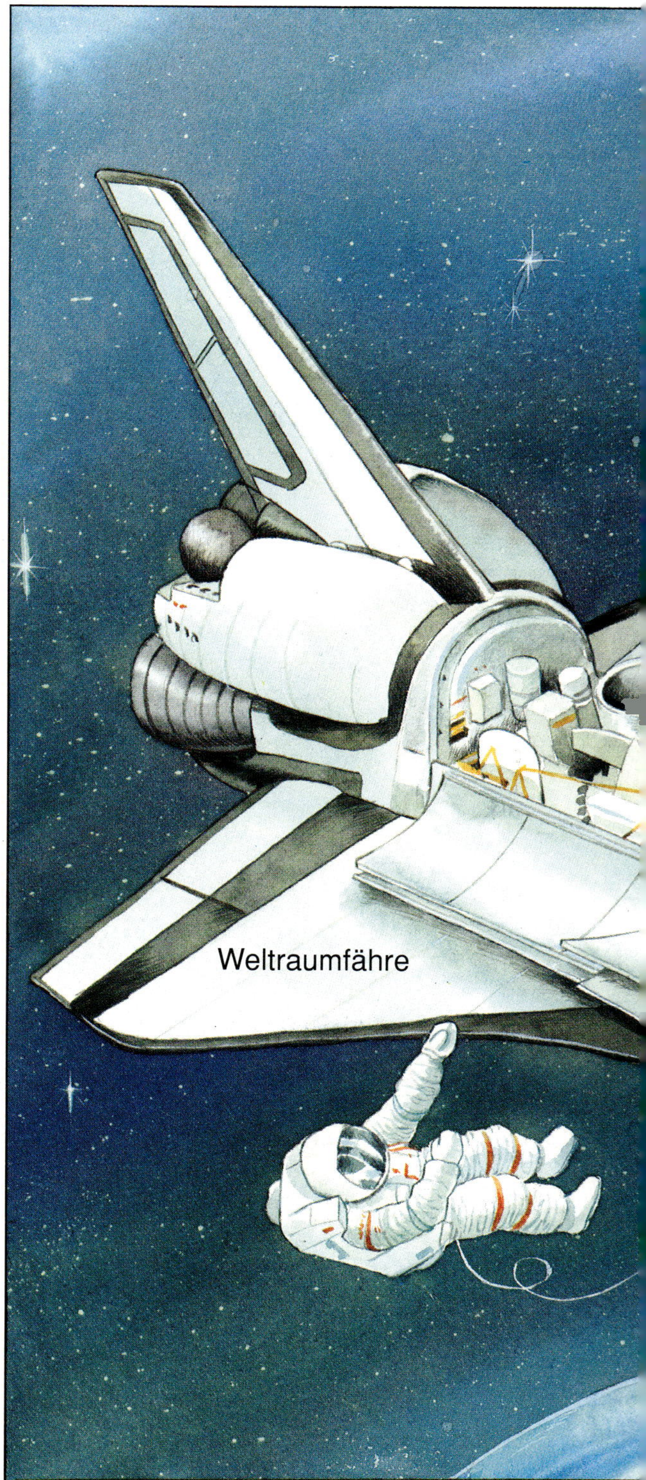

Die Raumfähre startet wie eine Rakete von einer Abschußrampe; sie landet jedoch wie ein Flugzeug auf einer Piste. Nach dem Abheben fliegt die Rakete auf eine Erdumlaufbahn.

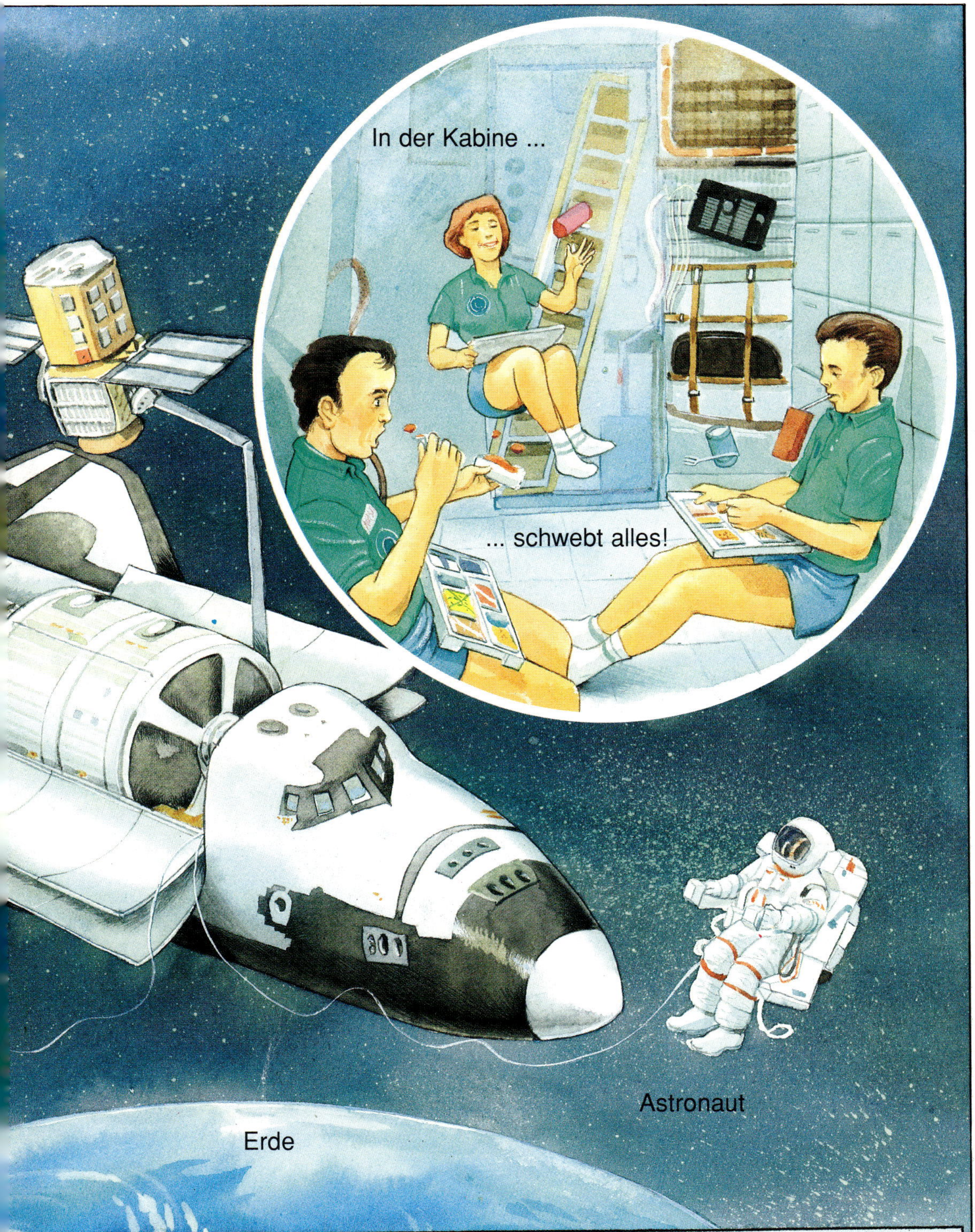

Die Rakete umkreist Planeten, um sie zu erforschen. Im All ist alles anders als auf der Erde: Man fühlt sich sehr leicht, Menschen und Sachen schweben. Bei einem Defekt steigen die Astronauten aus und versuchen, das Raumschiff zu reparieren. Sie tragen Raumanzüge und sind durch ein Kabel mit dem Raumschiff verbunden.

Die Planeten

Am Ende des Tages, wenn es Nacht wird, verdunkelt sich die Erde. Mond und Sterne strahlen am Himmel.

Der Mond ist ein Planet, der um die Erde kreist. Je nach seiner Stellung am Himmel wird er mehr oder weniger von der Sonne beleuchtet. Er strahlt als Vollmond, Halbmond oder Viertelmond. Das Mondviertel heißt Sichel.

Die Erde ist nicht der einzige Planet, der um die Sonne kreist; es gibt acht weitere.

Merkur

Die Erde erscheint blau, weil große Teile von Ozeanen bedeckt sind.

Venus

Der Mars ist rot.

Der Jupiter ist ein riesiger Planet.

Die Sonne ist ein sehr alter Planet. Diese gewaltige Kugel spendet uns Licht und Wärme, denn sie besteht aus glühender Materie.

Es ist die Erde, die sich um die Sonne dreht, aber man sagt: Morgens geht die Sonne auf, abends geht sie unter ...

Jupiter, Saturn, Uranus und Neptun haben einen Ring.

Pluto ist der kleinste Planet und am weitesten von der Sonne entfernt.

mit Spaß
ENTDECKEN
Sachbücher für Kinder und Jugendliche

ISBN 3-7607-4509-1

ISBN 3-7607-4510-5

ISBN 3-7607-4511-3

ISBN 3-7607-4533-4

ISBN 3-7607-4512-1

ISBN 3-7607-4534-2

ISBN 3-7607-4523-7

ISBN 3-7607-4531-8

ISBN 3-7607-4522-9

ISBN 3-7607-4532-6

ISBN 3-7607-4516-4

ISBN 3-7607-4517-2

ISBN 3-7607-4518-0

ISBN 3-7607-4556-3

ISBN 3-7607-4572-5

ISBN 3-7607-4555-5

mit Spaß ENTDECKEN
Sachbücher für Kinder und Jugendliche

ISBN 3-7607-4519-9

ISBN 3-7607-4520-2

ISBN 3-7607-4535-0

ISBN 3-7607-4521-0

ISBN 3-7607-4536-9

ISBN 3-7607-4557-1

ISBN 3-7607-4558-X

ISBN 3-7607-4559-8

ISBN 3-7607-4560-1

ISBN 3-7607-4561-X

ISBN 3-7607-4500-8

ISBN 3-7607-4501-6

ISBN 3-7607-4502-4

ISBN 3-7607-4503-2

ISBN 3-7607-4563-6

ISBN 3-7607-4537-7

ISBN 3-7607-4562-8

ISBN 3-7607-4569-5

Weitere Titel in Vorbereitung